시우와 함께 배우는 중국어 첫걸음

딩굴딩굴 중국어

초판 1쇄 인쇄 ┃ 2022년 10월 15일
초판 1쇄 발행 ┃ 2022년 10월 20일

지은이 ┃ 안시우 홍승우
일러스트 ┃ 펭귄
펴낸이 ┃ 최화숙
편　집 ┃ 유창언
펴낸곳 ┃ **아마존북스**

등록번호 ┃ 제1994-000059호
출판등록 ┃ 1994. 06. 09

주소 ┃ 서울시 마포구 성미산로2길 33(서교동) 202호
전화 ┃ 02)335-7353~4
팩스 ┃ 02)325-4305
이메일 ┃ pub95@hanmail.net ┃ pub95@naver.com

시우와 함께 배우는 중국어 첫걸음

딩굴딩굴
중국어

안시우 홍승우 지음 | 일러스트_펭귄

아마존북스

안녕하세요. 유튜브 딩굴딩굴의 개그맨 안시우입니다. 틈틈이 중국어 공부를 하고 있었는데 이렇게 좋은 기회로 중국어 교재를 만들게 되어서 너무 영광입니다.

예전에는 제2외국어라고 하면 무조건 영어라고만 했었는데 요즘은 영어만큼이나 사람들에게 인기가 많은 제2외국어가 중국어가 되었습니다.

중국어가 처음엔 생소하게 느껴질 수도 있지만 하다 보면 중국어가 가지고 있는 특별한 재미를 느낄 수 있을 것입니다.

여러분들이 쉽게 다가올 수 있도록 딩굴딩굴의 친숙한 캐릭터들이 재밌는 중국어로 기초부터 천천히 여러분들에게 알려 드릴 테니, 우리 포기하지 말고 중국어 능력자가 되어봅시다.

안시우 홍승우 저자 일동

중국어의 특징

◇ 중국어는 한족의 언어라는 뜻의 한어(汉语)라는 명칭을 사용하고 지역별로 차이가 심한
방언을 극복하기 위해 표준어를 제정하였는데 이것을 중국에서는 보통화(普通话)라고
부릅니다.

◇ 한어는 표의문자이므로 알파벳 로마자의 발음과 성조를 표기하는데 이를 한어병음이라
합니다.

◇ 중국어는 한자(漢字)와 한자에 해당하는 음절(音節)이 있습니다.

중국어의 음절은 성모(자음) + 운모(모음) + 성조로 이루어져 있습니다.

하나의 음절은 대부분 하나의 뜻을 가지고 있고 각 음절에는 모두 성조가 있습니다.

◇ 중국은 본래의 복잡한 한자 점획을 간단하게 변형시킨 간체자(简体字)를 사용합니다.

홍콩과 대만 등지에서는 기존의 한자인 번체자(繁体字)를 사용합니다.

한어병음 알기

1. 성조

◇ 중국어의 성조는 음의 높낮이를 표시하는 1성, 2성, 3성, 4성과 경성으로 구성되어 있습니다.

◇ 표기법은 각각 제1성(ー), 제2성(ノ), 제3성(ν), 제4성(ヽ), 경성은 따로 표기하지 않습니다.

◇ 성조는 운모 위에 표기하며 운모가 2개 이상이면 a 〉o = e 〉i = u = ü의 순서대로 표기합니다.

（= 의 경우 두 운모 중 뒤에 오는 운모 위에 표기합니다.）

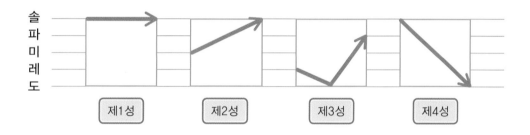

① 제1성-높고 평평하게 '솔'의 음높이를 유지하며 길게 발음합니다.

② 제2성-'미'의 음높이에서 '솔'로 끌어올리며 뒤쪽에 힘을 넣습니다.

③ 제3성-'레'의 음높이에서 '도'로 낮게 누른 후 가볍게 끝을 상승시킵니다.

④ 제4성-'솔'의 음높이에서 빠르게 '도'까지 떨어뜨립니다.

⑤ 경성-가볍고 짧게 발음합니다.

성조의 변화

- **제 3성의 변화**

  1) 3성 뒤에 1성, 2성, 4성, 경성이 오게 되면 앞의 3성은 내려가는 부분만 발음이 되고
     올라가는 부분은 발음이 되지 않는데, 이를 반3성이라고 합니다.

     3성 + 1, 2, 4성, 경성 → 반3성 + 1, 2, 4성, 경성

     예〉 老师 lǎo shī   每年 měi nián   马上 mǎ shàng   喜欢 xǐ huān

  2) 3성 뒤에 3성이 연속으로 오면 앞의 3성을 2성으로 읽어줍니다.

     3성 + 3성 → 2성 + 3성

     예〉 你好 nǐ hǎo   可以 kě yǐ

     ※ 3성으로 표기하고 바뀐 성조로 읽습니다.

- **一(yi)의 변화**

  1) 一의 원래 성조는 1성이나, 뒤에 4성 또는 4성이 변한 경성이 올 경우 2성으로 읽어줍
     니다.

     一(1성) + 4성 → 一(2성) + 4성

     예〉 一位 yí wèi   一下 yí xià

  2) 1, 2, 3성 앞에서는 4성으로 읽습니다.

     一(1성) + 1, 2, 3성 → 一(4성) + 1, 2, 3성

     예〉 一边 yì biān   一年 yì nián   一百 yì bǎi

     ※ 변화된 성조로 표기합니다.

- 不(bu)의 변화

  1) 不는 원래 4성이지만 不 뒤에 4성이 올 경우에는 2성으로 읽습니다.

     不(4성) + 4성 → 不(2성) + 4성

     예〉 不是 bú shì   不看 bú kàn

     ※ 변화된 성조로 표기합니다.

2. 성모

우리말의 자음에 해당합니다.

◇ **쌍순음** – 입술을 붙였다 떼면서 내는 소리로 o [오어]와 같이 읽습니다.

  b(o) [뽀~어] 우리말의 'ㅃ' 또는 'ㅂ'처럼 발음합니다.

  p(o) [포~어] 우리말의 'ㅍ'처럼 발음합니다.

  m(o) [모~어] 우리말의 'ㅁ'처럼 발음합니다.

◇ **순치음** – 윗니로 아랫입술을 살짝 물었다 떼어내며 내는 소리로 o [오어]와 같이 읽습니다.

  f(o) [포~어] 영어의 f 처럼 발음합니다.

◇ **설첨음** – 혀끝을 윗잇몸 안쪽에 붙였다 떼면서 내는 소리로 e [으어]와 같이 읽습니다.

  d(e) [뜨~어] 우리말의 'ㄸ' 또는 'ㄷ'처럼 발음합니다.

  t(e) [트~어] 우리말의 'ㅌ'처럼 발음합니다.

  n(e) [느~어] 우리말의 'ㄴ'처럼 발음합니다.

  l(e) [르~어] 우리말의 'ㄹ'처럼 발음합니다.

◇ **설근음** – 혀뿌리로 목구멍을 막았다가 열어주면서 내는 소리로 e [으어]와 같이 읽습니다.

g(e) [끄~어] 혀뿌리로 목구멍을 막았다가 떼면서 우리말의 'ㄲ' 또는 'ㄱ'처럼 발음합니다.

k(e) [크~어] g와 같은 방법으로, 우리말의 'ㅋ'처럼 발음합니다.

h(e) [흐~어] 속에서 소리를 끌어오는 듯한 느낌으로 우리말의 'ㅎ'처럼 발음합니다.

◇ **설면음** – 혀를 넓게 펴고 입을 양쪽으로 벌려 내는 소리로 운모 i와 결합시켜 [지, 치, 시]로 발음합니다.

j(i) [지] 우리말의 'ㅈ'처럼 발음합니다.

q(i) [치] 우리말의 'ㅊ'처럼 발음합니다.

x(i) [시] 우리말의 'ㅅ'처럼 발음합니다.

◇ **권설음** – 말아 올린 혀끝이 입천장에 닿았다 떨어지면서 나는 소리로 운모 i와 결합시켜 [즈, 츠, 스, 르]로 발음합니다.

zh(i) [즈] 혀끝을 말아 입천장에 닿을 듯 말 듯 하게 하면서 공기를 마찰시켜 발음합니다.

ch(i) [츠] zh와 비슷하게 발음하면서 입김을 강하게 내뿜어 발음합니다.

sh(i) [스] zh와 비슷하게 혀를 말아 공기를 마찰시켜 '스' 발음을 냅니다.

r(i) [르] 영어의 r과 비슷하게 혀를 뒤쪽으로 말아 발음합니다.

◇ **설치음** – 혀끝을 윗니 뒤쪽에 붙였다 떼면서 공기를 뱉는 느낌으로 내는 소리로 운모 i와 결합시켜 [쯔, 츠, 쓰]로 발음합니다.

z(i) [쯔] '쯧쯧' 혀를 차는 것처럼 'ㅉ'를 발음합니다.

c(i) [츠] z와 같은 방법으로 우리말의 'ㅊ'처럼 발음합니다.

s(i) [쓰] z와 같은 방법으로 우리말의 'ㅆ'처럼 발음합니다.

3. 운모

우리말의 모음에 해당되는 부분으로, 발음 부위와 방법에 따라 단운모, 복운모, 비운모, 권설운모로 구분됩니다.

◇ 단운모 – 가장 기본이 되는 운모입니다.

   a [아] 입을 크게 벌리고 우리말의 '아'처럼 발음합니다.

   o [오~어] 입을 반쯤 벌리고 혀는 중간 높이에 두고, 우리말의 '오~어'처럼 발음합니다.

   e [으~어] 입을 반쯤 벌리고 혀는 중간 높이에 두고, 우리말의 '으~어'처럼 발음합니다.

   i [이] 입을 좌우로 당기고, 우리말의 '이'처럼 발음합니다.

   u [우] 입을 작게 벌리고 입술을 동글게 오므리면서, 우리말의 '우'처럼 발음합니다.

   ü [위] 입술을 동그랗게 오므리면서 우리말의 '위'처럼 발음합니다. 발음이 끝날 때까지 입술을 오므리고 있어야 합니다.

◇ 복운모 – 두 개의 운모로 이루어진 운모를 말하며, 앞쪽 모음을 길게 뒤쪽 모음은 짧게 소리 냅니다.

   ai [아~이] 우리말의 '아~이'처럼 발음하되 앞의 a를 길고 강하게 뒤의 i를 짧게 가볍게 발음해줍니다.

   ei [에~이] 우리말의 '에~이'처럼 발음하되 앞의 e를 강하게 뒤의 i를 짧고 가볍게 발음해줍니다.

   ao [아~오] 우리말의 '아~오'처럼 발음합니다.

   ou [오~우] 앞의 o를 강하게 뒤의 u를 약하게 발음합니다.

◇ **비운모** – 비음(콧소리)이 들어가는 음인 n과 ng와 결합된 운모입니다.

an   [안]   a에 비음인 n을 붙여 우리말의 '안'처럼 발음합니다.

en   [으언]   우리말의 '으언'처럼 발음합니다.

ang   [앙]   a에 비음 ng를 붙여 우리말의 '앙'처럼 발음합니다.

eng   [엉]   우리말의 '엉'처럼 발음합니다.

ong   [옹]   o발음에 ng를 붙여 '옹'처럼 발음합니다.

◇ **권설운모** – 혀 끝을 말아서 발음하는 운모입니다.

er   [얼]   혀 끝을 말아 우리말의 '얼'처럼 발음합니다.

◇ **결합운모** – 두 개의 모음이 합쳐져 이중모음의 소리가 나는 운모입니다.

i 결합운모: i 뒤에 다른 운모가 결합된 운모로, i가 성모 없이 시작할 때는 i → y로 표기

하며 단독으로 쓰일 때는 yi로 표기합니다.

ia   [이야] → ya 우리말의 '이야'처럼 발음합니다.

ie   [이에] → ye 우리말의 '이에'처럼 발음합니다.

iao   [이아오] → yao 우리말의 '이아오'처럼 발음합니다.

iou   [이여우] → you 우리말의 '이여우'처럼 발음합니다.

ian   [이앤] → yan 우리말의 '이앤'처럼 발음합니다.

iang [이양] → yang 우리말의 '이양'처럼 발음합니다.

iong [이용] → yong 우리말의 '이용'처럼 발음합니다.

in   [인] → yin 우리말의 '인'처럼 발음합니다.

ing   [잉]   → ying 우리말의 '잉'처럼 발음합니다.

＊ iou 앞에 성모가 올 때는 o를 생략하여 iu로 표기하며, o는 약하게 발음합니다.

예〉 j + iou → jiu

① **u 결합운모** : u 뒤에 다른 운모가 결합된 운모로, u가 성모 없이 시작할 때는 u →
w로 표기하며 단독으로 쓰일 때는 wu로 표기합니다.

    ua   [우와] → wa 우리말의 '우와'처럼 발음합니다.

    uo   [우워] → wo 우리말의 '우워'처럼 발음합니다.

    uai   [우와이] → wai 우리말의 '우와이'처럼 발음합니다.

    uan [우안] → wan 우리말의 '우안'처럼 발음합니다.

    uang [우앙] → wang 우리말의 '우앙'처럼 발음합니다.

    uei   [우웨이] → wei 우리말의 '우웨이'처럼 발음합니다.

    uen [우언] → wen 우리말의 '우언'처럼 발음합니다.

    ueng [우엉] → weng 우리말의 '우엉'처럼 발음합니다.

  * uei와 uen 앞에 성모가 올 때는 e를 생략하여 ui, un으로 표기하며, e를 약하게 발음합니다.

  예〉 d + uei → dui   h+ uen → hun

② **ü 결합운모** : ü 뒤에 다른 운모가 결합된 운모로, ü가 성모없이 단독으로 쓰일 때는
yu로 표기합니다.

    üe   [위에] → yue 우리말의 '위에'와 발음이 비슷하나, '위'를 발음할 때 동그랗게
                    오므린 입술 모양을 바꾸지 않고 유지해야 합니다.

    üan [위앤] → yuan 우리말의 '위앤'과 비슷하게 발음하되 '위'를 발음할 때는 입술
                    모양을 바꾸지 않고 유지합니다.

    ün   [윈] → yun 우리말의 '윈'과 비슷하게 발음하되 '위'를 발음할 때는 입술모양
                 을 바꾸지 않고 유지합니다.

  *성모 j, q, x와 운모 ü가 결합할 때는 ü의 두 점을 떼어 버리고 u로 표기합니다.

  예〉 qü → qu   jüan → juan   xüan → xuan

한어병음표

성모 \ 운모	a	o	e	i	er	ai	ei	ao	ou	an	en	ang	eng	ong	i	ia	iao	ie	iou	ian
b	ba	bo				bai	bei	bao		ban	ben	bang	beng		bi		biao	bie		bain
p	pa	po				pai	pei	pao	pou	pan	pen	pang	peng		pi		piao	pie		pian
m	ma	mo	me			mai	mei	mao	mou	man	men	mang	meng		mi		miao	mie	miu	mian
f	fa	fo					fei		fou	fan	fen	fang	feng							
d	da		de			dai	dei	dao	dou	dan	den	dang	deng	dong	di		diao	die	diu	dian
t	ta		te			tai		tao	tou	tan		tang	teng	tong	ti		tiao	tie		tian
n	na		ne			nai	nei	nao	nou	nan	nen	nang	neng	nong	ni		niao	nie	niu	nian
l	la		le			lai	lei	lao	lou	lan		lang	leng	long	li	lia	liao	lie	liu	lian
z	za		ze	zi		zai	zei	zao	zou	zan	zen	zang	zeng	zong						
c	ca		ce	ci		cai		cao	cou	can	cen	cang	ceng	cong						
s	sa		se	si		sai		sao	sou	san	sen	sang	seng	song						
zh	zha		zhe	zhi		zhai	zhei	zhao	zhou	zhan	zhen	zhang	zheng	zhong						
ch	cha		che	chi		chai		chao	chou	chan	chen	chang	cheng	chong						
sh	sha		she	shi		shai	shei	shao	shou	shan	shen	shang	sheng							
r			re	ri				rao	rou	ran	ren	rang	reng	rong						
j															ji	jia	jiao	jie	jiu	jian
q															qi	qia	qiao	qie	qiu	qian
x															xi	xia	xiao	xie	xiu	xian
g	ga		ge			gai	gei	gao	gou	gan	gen	gang	geng	gong						
k	ka		ke			kai	kei	kao	kou	kan	ken	kang	keng	kong						
h	ha		he			hai	hei	hao	hou	han	hen	hang	heng	hong						
	a	o	e		er	ai	ei	ao	ou	an	en	ang	eng		yi	ya	yao	ye	you	yan

in	iang	ing	iong	u	ua	uo	uai	uei	uan	uen	uang	ueng	ü	üe	üan	ün
bin		bing		bu												
pin		ping		pu												
min		ming		mu												
				fu												
		ding		du		duo		dui	duan	dun						
		ting		tu		tuo		tui	tuan							
nin	niang	ning		nu		nuo			nuan				nü	nüe		
lin	liang	ling		lu		luo			luan	lun			lü	lüe		
				zu		zuo		zui	zuan	zun						
				cu		cuo		cui	cuan	cun						
				su		suo		sui	suan	sun						
				zhu	zhua	zhuo	zhuai	zhui	zhuan	zhun	zhuang					
				chu	chua	chuo	chuai	chui	chuan	chun	chuang					
				shu	shua	shuo	shuai	shui	shuan	shun	shuang					
				ru	rua	ruo		rui	ruan	run						
jin	jiang	jing	jiong										ju	jue	juan	jun
qin	qiang	qing	qiong										qu	que	quan	qun
xin	xiang	xing	xiong										xu	xue	xuan	xun
				gu	gua	guo	guai	gui	guan	gun	guang					
				ku	kua	kuo	kuai	kui	kuan	kun	kuang					
				hu	hua	huo	huai	hui	huan	hun	huang					
yin	yang	ying	yong	wu	wa	wo	wai	wei	wan	wen	wang	weng	yu	yue	yuan	yun

〈차 례〉

〔제1과〕 **你好** 안녕하세요

〔제2과〕 **你叫什么名字?** 넌 이름이 뭐니?

〔제3과〕 **你是哪国人?** 당신은 어느 나라 사람이에요?

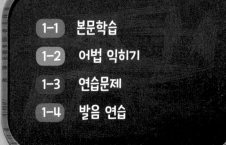

nǐ hǎo

A : 您好。

안녕하세요.

lǎo shī hǎo

B : 老师好。

선생님 안녕하세요.

zài jiàn

A : 再见

안녕히 가세요.

lǎo shī zài jiàn

B : 老师再见。

선생님 안녕히 계세요.

---

duì du qǐ

A : 对不起!

죄송합니다.

méi guān xi

B : 没关系。

괜찮습니다.

xiè xie

A : 谢谢!

감사합니다.

bú kè qi

B : 不客气。

천만에요.

단어학습

你 nǐ	대 너, 당신	对不起 duì bu qǐ	동 죄송합니다
好 hǎo	형 좋다	没关系 méi guānxi	동 괜찮습니다
老师 lǎo shī	명 선생님	谢谢 xiè xie	동 감사합니다
再见 zài jiàn	동 안녕히 가세요	不客气 bú kèqi	동 천만에요

인칭

	단수	복수
1인칭	나 我 wǒ	우리 我们 wǒ men
2인칭	너 你 nǐ 당신(존칭) 您 nín	너희들, 당신들 你们 nǐ men
3인칭	그 他 tā 그녀 她 tā 그것 它 tā	그들 他们 tā men 그녀들 她们 tā men 그것들 它们 tā men

* 그들(남자들)과 그녀들(여자들), 그리고 그것들(동물 등)의 발음은 모두 [tā]로 같습니다. 발음만으로는 구분하기 어렵지만, 상대방을 보고 이야기하거나 상대방을 가리키며 이야기하는 경우가 대부분이라, 이를 실생활에서 혼동하는 일은 많지 않습니다.

1. 你好

你好。　　nǐ hǎo　　　　안녕!
您好。　　nín hǎo　　　　안녕하세요!
你们好。　nǐmen hǎo　　얘들아, 안녕!

2. 对不起

对不起你。　　duìbuqǐ nǐ　　　　(너에게) 미안해
对不起您。　　duìbuqǐ nín　　　　(당신께) 미안합니다.
对不起你们。　duìbuqǐ nǐmen　　(여러분께) 미안합니다.

3. 谢谢

谢谢你。　　xièxie nǐ　　　　(너에게) 고마워!
谢谢您。　　xièxie nín　　　　(당신께) 고맙습니다!
谢谢你们。　xièxiè nǐmen　　(여러분께) 고맙습니다!

1-3 연습문제

1 주어진 한어병음의 한자와 뜻을 쓰세요.

① bú kè qi   _____

② zài jiàn   _____

③ nǐ hǎo   _____

④ duì bu qǐ   _____

⑤ xiè xie   _____

⑥ méi guānxi   _____

2 알맞은 대답을 간체자로 써보세요.

① A : 谢谢。 xièxie

    B : _____ 。

② A : 对不起。 duì bu qǐ

    B : _____ 。

3 〈보기〉를 보고 빈 칸에 알맞은 단어를 쓰세요.

보 기

老师   关系   好

① 你_____。

② _____, 再见。

③ 没_____。

1-4 발음 연습(b, p)

(b, p)

1. b, p＋a

bā bá bǎ bà / pā pá pǎ pà

2. b, p＋o

bō bó bǒ bò / pō pó pǒ pò

3. b, p＋i

bī bí bǐ bì / pī pí pǐ pì

4. b, p＋u

bū bú bǔ bù / pū pú pǔ pù

▶옆집형아
(재민이)

으아!! 오늘 날씨 너무 뜨겁다!!

▼철수(재민이 친구)

그러니까!! 길 위에서 계란후라이 해먹을수도 있겠다

오!! 길위에 계란후라이 완전 좋은데!!

좋기는!! 거기에 지나가던 개가 똥싸놨던 자리면 어떡할래?

그런가…

흠…

그럼 넌 계란후라이가 아니라 개똥후라이를 먹는거야…

윽..!!

그건 좀…

제**1**과 한자 쓰기 | 덥다 춥다 습하다 건조하다

热 [rè] 덥다	热							
冷 [lěng] 춥다	冷							
湿 [shī] 습하다	湿							
干燥 [gān zào] 건조하다	干	燥						

제 **2** 과

你叫什么名字？
넌 이름이 뭐니?

nǐ xìng shénme

A : 你姓什么?

A : 너는 성이 뭐니?

wǒ xìng ān. nǐ ne

B : 我姓安。你呢?

B : 나는 안씨야. 너는?

wǒ xìng lǐ nǐ jiào shénme míngzi

A : 我姓李。你叫什么名字?

A : 나는 이씨야. 너는 이름이 뭐니?

wǒ jiào shìyǔ nǐ ne

B : 我叫是禹。你呢?

B : 나는 시우라고 해. 넌?

wǒ jiào zài mín, rènshi nǐ hěn gāoxìng

A : 我叫在民, 认识你很高兴。

A : 난 재민이야, 만나서 반갑다.

rènshi nǐ wǒ yě hěn gāoxìng

B : 认识你我也很高兴。

B : 나도 만나서 반가워!

단어학습

姓 xìng	통 성이 …이다	叫 jiào	통 ～부르다 / (～라고 하다)
什么 shénme	대 무엇	认识 rènshi	통 알다
安(安是禹) ān (ān shìyǔ)	명 안(안시우)	很 hěn	부 매우
呢 ne	조 …는요?	高兴 gāoxìng	형 기쁘다
(의문문의 끝에 써서 의문의 어기를 나타냄)		也 yě	부 ～도 / 역시 / 또한

어법 익히기

1. 대명사 : 주어 + 동사 + 什么

nǐ xìng shénme	你姓什么?	넌 성이 뭐니?
nǐ jiào shénme	你叫什么?	넌 이름이 뭐니?
nǐ chī shénme	你吃什么?	넌 뭐 먹니? / 넌 뭐 먹을래?

＊吃 chī 图 먹다

2. 성씨 표현: 주어 + 姓 + 성씨

wǒ xìng ān
我姓安。 저는 성이 "안"입니다.

wǒ xìng piáo
我姓朴。 저는 성이 "박"입니다.

wǒ xìng lǐ
我姓李。 나는 성이 "이"입니다.

＊朴 piáo 图 박(성씨)
＊姓 : '성이 ~이다'라는 표현으로, 姓 뒤에 성씨가 위치합니다.

3. 이름 표현: 주어 + 叫 + 이름

wǒ jiào shìyǔ
我叫是禹。 나는 시우라고 해.

wǒ jiào zài mín
我叫在民。 나는 재민이라고 해.

wǒ jiào jīn měinà
我叫金美娜。 나는 김미나라고 해.

* 金美娜 jīn měinà 명 김미나
* 叫 : '~라고 부르다' 또는 '~라고 하다'라는 표현입니다.

4. 인사 표현: 认识 + 목적어 + 很高兴。

rènshi nǐ hěn gāoxìng
认识你很高兴。 당신을 만나서 매우(너무) 반갑습니다.

rènshi nǐmen hěn gāoxìng
认识你们很高兴。 당신들을 만나서 매우(너무) 반갑습니다.

rènshi dàjiā hěn gāoxìng
认识大家很高兴。 여러분을 만나게 되어 매우 반갑습니다.

* 大家 dàjiā 대 모두
* '认识'라는 표현은, '인식하다' 또는 '알게 되다'라는 뜻으로, 몰랐던 사람이나 길을 알게 되었을 경우에 사용됩니다.
* '认识你很高兴' 대신에, '见到你很高兴(당신을 만나뵙게 되어 기쁩니다)'라는 표현을 쓰기도 합니다.

1 주어진 한어병음의 한자와 뜻을 쓰세요.

① shén me _____

② rèn shi _____

③ xìng _____

④ gāo xìng _____

⑤ jiào _____

⑥ hěn _____

2 주어진 단어를 배열하여 올바른 문장을 만들어 보세요.

① 叫　你　名字　什么

_____ ?

② 你　很　认识　高兴

_____ 。

3 밑줄 친 부분을 주어진 말로 바꾸어 보세요.

① 我姓 <u>安</u>。

↓

_____

② 你 <u>姓</u> 什么？。

↓

_____

(m, f) bā bá bǎ bà

1. m, f + ei

mēi méi měi mèi / fēi féi fěi fèi

2. m, f + ou

mōu móu mǒu mòu / fōu fóu fǒu fòu

3. m, f + an

mān mán mǎn màn / fān fán fǎn fàn

4. m, f + en

mēn mén měn mèn / fēn fén fěn fèn

놀다 공부하다 운동하다 요리하다

玩 [wán] 놀다	玩						
学习 [xué xí] 공부하다	学	习					
运动 [yùn dòng] 운동하다	运	动					
做菜 [zuò cài] 요리하다	做	菜					

제 **3** 과

你是哪国人？

당신은 어느 나라 사람이에요?

shìyǔ, nǐ shì hánguó rén ma

A : 是禹，你是韩国人吗？

A : 시우야, 너는 한국인이니?

duì, wǒ shì hánguó rén nǐ shì nǎ guó rén

B : 对，我是韩国人。你是哪国人？

B : 맞아, 나는 한국인이야. 너는 어느 나라 사람이니?

wǒ shì měi guó rén

A : 我是美国人。

A : 나는 미국인이야.

měinà yě shì hánguó rén ma
B ： 美娜也是韩国人吗?

B ： 미나도 한국인이니?

bù, tā bú shì hánguó rén,
A ： 不，她不是韩国人，

A ： 아니, 미나는 한국인이 아니야.

tā shì nǎ guó rén
B ： 她是哪国人?

B ： 그녀는 어느 나라 사람인데?

tā shì zhōngguó rén
A ： 她是中国人。

A ： 그녀는 중국인이야.

단어학습

是 shì	동 ~이다	国 guó	명 나라
韩国 hánguó	명 한국	都 dōu	부 모두
人 rén	명 사람	不 bù	부 아니(부정) / 하지 않다
对 duì	동 맞다	中国 zhōngguó	명 중국
哪 nǎ	동 어느		

3-2 어법 익히기

1. 긍정문: 주어 + 是 + 나라 + 人

> wǒ shì hánguó rén
> 我是韩国人。 나는 한국인입니다.
>
> tā shì zhōngguó rén
> 她是中国人。 그녀는 중국인입니다.

※ '是' 단독으로 쓰이게 되면, "네."라는 뜻이 되고, '是的'는 '네, 그렇습니다.'라는 표현으로 쓰입니다. 하지만 일반적인 문장
  에서는 주어 뒤에 술어로 쓰이면서, "～입니다" 혹은 "～이다"라는 뜻이 됩니다.

2. 부정문: 주어 + 不是 + 나라 + 人

> wǒ bú shì hánguó rén
> 我不是韩国人。 나는 한국인이 아닙니다.
>
> tā bú shì zhōngguó rén
> 她不是中国人。 그녀는 중국인이 아닙니다.

3. 의문문: 주어 + 是 + 哪国人?

nǐ shì nǎ guó rén
你是哪国人? 너는 어느 나라 사람이니?
tā shì nǎ guó rén
她是哪国人? 그녀는 어느 나라 사람이니?

＊ '你是哪国人? (당신은 어느 나라 사람입니까?)'에서 '哪'라는 의문사가 문장에 포함되어 있기 때문에, 문장 끝에 별도로 '~
吗?'라는 의문 어기조사가 들어가지 않더라도, 그 자체로 의문문이 됩니다.

4. 不의 성조 변화

1. 不 + 1성, 2성, 3성 = bù
bù hǎo   bù gāoxìng   bù chī
不好   不高兴   不吃

2. 不 + 4성 = bú
bú kèqi   bú shì   bú duì
不客气   不是   不对

＊ '不'는 원래 4성을 가지고 있지만, 뒤에 4성이 오는 경우(不+4성)에는, '不'의 '4성(bù)'이 '2성(bú)'으로 바뀌게 됩니다.

3-3 연습문제

1 주어진 한어병음의 한자와 뜻을 쓰세요.

① shì _____

② nǎ _____

③ zhōngguó _____

④ duì _____

⑤ dōu _____

⑥ hánguó _____

2 주어진 단어를 배열하여 올바른 문장을 만들어 보세요.

① 哪　人　你　国　是

_____?

② 是　不　人　我　中国

_____。

3 밑줄 친 부분을 주어진 말로 바꿔보세요.

① 我是 <u>韩国</u> 人。

中国
日本

※ 日本 rì běn 명 일본

3-4 발음 연습

1. d, t＋ai

dāi dái dǎi dài / tāi tái tǎi tài

2. d, t＋ao

dāo dáo dǎo dào / tāo táo tǎo tào

3. d, t＋eng

dēng déng děng dèng / tēng téng těng tèng

4. d, t＋ong

dōng dóng dǒng dòng / tōng tóng tǒng tòng

제**3**과 한자 쓰기 | 침대 테이블 의자 칠판

床 [chuáng] 침대	床						
桌子 [zhuō · zi] 테이블	桌	子					
椅子 [yǐ · zi] 의자	椅	子					
黑板 [hēi bǎn] 칠판	黑	板					

제 4 과

你有哥哥吗？

너는 형(오빠)이 있니?

1-1 본문학습

1-2 어법 익히기

1-3 연습문제

1-4 발음 연습

nǐ yǒu gēge ma

A : 你有哥哥吗?

A : 너는 오빠가 있니?

wǒ yǒu gēge nǐ yǒu gēge ma

B : 我有哥哥。你有哥哥吗?

B : 나는 형이 있어. 너는 형이 있니?

wǒ méiyǒu gēge, wǒ yǒu mèimei

A : 我没有哥哥，我有妹妹。

A : 나는 형이 없어, 나는 여동생이 있어.

nǐ ne

B ：你呢?

B ：너는?

wǒ méiyǒu gēge, wǒ yě méiyǒu mèimei

C ：我没有哥哥，我也没有妹妹。

C ：나는 형이 없어, 나는 여동생도 없어.

nǐ yǒu méiyǒu dìdi

B ：你有没有弟弟?

B ：너는 남동생이 있니, 없니?

méiyǒu, wǒ yǒu yí ge jiějie

C ：没有，我有一个姐姐。

C ：없어, 나는 누나가 한 명 있어.

* 一 의 성조 변화 : 一(yī)＋4성 또는 경성 ▶ ū yí (2성으로 바뀜)

 yí ge   yí duì   yí piàn

 一个   一对   一片

* 个 의 성조 생략 : 一(yī) ＋ 个(gè) ＝ yí ＋ ge

  '个'는 원래는 4성이지만, 앞에 '一(yī)'가 올 경우에는 경성으로 처리됩니다.

단어학습

有 yǒu	통 있다	弟弟 dìdi	명 남동생
哥哥 gége	명 오빠, 형	一 yī	수 하나, 일
没有 méiyǒu	통 없다	个 gè	양 개(수량 세는 단위사)
妹妹 mèimei	명 여동생	姐姐 jiějie	명 언니, 누나

4-2 어법 익히기

1. 주어 + (没)有 + 목적어

> wǒ méiyǒu gēge
> 我(没)有哥哥。 나는 형(오빠)이 없다.
>
> wǒ méiyǒu jiějie
> 我(没)有姐姐。 나는 누나(언니)가 없다.
>
> wǒ méiyǒu mèimei
> 我(没)有妹妹。 나는 여동생이 없다.

* '有'는 '있다'라는 표현으로, '~에 있지 있다'라는 뜻의 '在'와는 구별됩니다.
  '在'는, '在+장소/지명'의 형식으로, '그 장소에 있다(존재한다)'라는 뜻이지만, '有'는, '有+명사'의 형식으로, '무엇을 가지고 있다(소유)'의 개념이 됩니다.

2. 일반의문문: 주어 + 有 + 목적어 + 吗?

> nǐ yǒu gēge ma
> 你有哥哥吗? 너는 형(오빠)이 있니?
>
> nǐ yǒu jiějie ma
> 你有姐姐吗? 너는 누나(언니)가 있니?
>
> nǐ yǒu mèimei ma
> 你有妹妹吗? 너는 여동생이 있니?

3. 정반의문문: 주어 + 有没有 + 목적어?

> nǐ yǒu méiyǒu gēge
> 你有没有哥哥? 너는 오빠가 있니, 없니?
>
> nǐ yǒu méiyǒu jiějie
> 你有没有姐姐? 너는 누나(언니)가 있니, 없니?
>
> nǐ yǒu méiyǒu mèimei
> 你有没有妹妹? 너는 여동생이 있니, 없니?

* 정반의문문은, 긍정과 부정의 술어를 연달아 쓰는 표현으로, 문장이 의문의 성격으로 바뀌게 됩니다. 그러므로 별도로 문장의 끝에 '吗'라는 어기조사를 쓰지 않습니다.

4. 숫자 + (양사) + 명사

> yí ge jiějie
> 一(个)姐姐   누나(언니) 1명
>
> yí ge mèimei
> 一(个)妹妹   여동생 1명
>
> yí ge gēge
> 一(个)哥哥   형(오빠) 1명
>
> yí ge dìdi
> 一(个)弟弟   남동생 1명

* "个"는 보통 물건을 세는 "개"라는 양사로 쓰입니다. 하지만 사람한테 쓰일 때는 "명"이라는 뜻으로 쓰입니다. 존대할 때는, "位" [wèi](분)이라고 쓰입니다.

1 주어진 한어병음의 한자와 뜻을 쓰세요.

① dìdi _____

② yǒu _____

③ mèimei _____

④ jiějie _____

⑤ méiyǒu _____

⑥ gēge _____

2 주어진 단어를 배열하여 올바른 문장을 만들어 보세요.

① 你　哥哥　有　吗

_____?

② 没有　也　妹妹　我

_____。

3 〈보기〉를 보고 빈 칸에 알맞은 단어를 찾아 쓰세요.

<table>
<tr><td>보 기</td></tr>
<tr><td>妹妹　　有没有　有</td></tr>
</table>

① 你＿＿＿＿＿＿＿＿哥哥吗？

② 你＿＿＿＿＿＿＿＿弟弟？

③ 我有＿＿＿＿＿＿＿。

(n, l)

1. n, l+i

nī ní nǐ nì / lī lí lǐ lì

2. n, l+iao

niāo niáo niǎo niào / liāo liáo liǎo liào

3. n, l+ie

niē nié niě niè / liē lié liě liè

4. n, l+iu

niū niú niǔ niù / liū liú liǔ liù

제**4**과 한자 쓰기 | 배 머리 어깨 가슴

肚子 [dù · z i] 배	肚	子				
头 [tóu] 머리	头					
肩膀 [jiān bǎng] 어깨	肩	膀				
胸 [xiōng] 가슴	胸					

제 5 과

你今年多大?

올해 몇 살이니?

nǐ jīnnián duō dà

A : 你今年多大?

A : 너는 올해 몇 살이니?

wǒ jīnnián èr shí èr suìnǐ duō dà

B : 我今年22岁。你多大?

B : 나는 22살이야. 너는 몇 살이니?

wǒ jīn nián yě èr shí èr suì, wǒmen tóng suì

A : 我今年也22岁，我们同岁。

A : 나도 올해 22살이야, 우리는 동갑이네.

měinà, nǐ ne

A ：美娜，你呢?

A ：미나야, 너는?

wǒ jīn nián èrshí suì, wǒ gēge gēn nǐmen tóng suì

C ：我今年20岁，我哥哥跟你们同岁。

C ：나는 올해 20살이야, 내 오빠가 너희들이랑 동갑이야.

tā jīnnián yě èrshí èr suì ma

A ：他今年也22岁吗?

A ：그도 올해 22살이야?

shìde, nǐmen shì tóng suì

C ：是的，你们是同岁。

C ：그래, 너희들은 동갑이야.

단어학습

今年 jīnnián	명 올해		他 tā	대 그
多大 duōdà	명 (나이가) 얼마인가?		是的 shìde	동 맞다, 맞아
岁 suì	양 살 (나이를 세는 단위사)		他们 tā·men	대 그들
同岁 tóngsuì	동 동갑이다		朋友 péngyou	명 친구
跟 gēn	부 (사람)~과/~랑			

5-2 어법 익히기

1. 주어 + 今年 + 多大?

> nǐ jīn nián duōdà
> 你今年多大? 너는 올해 몇 살이니?
>
> tā jīn nián duōdà
> 他今年多大? 그는 올해 몇 살이니?
>
> tā jīn nián duōdà
> 她今年多大? 그녀는 올해 몇 살이니?

※ '多大'라는 표현은 '나이'를 묻는 표현으로 주로 나이가 많은 어른에게 '나이'를 물어볼 때 쓰입니다. 10살 미만의 아이들에게는 '几岁? (몇 살이니?)'라는 표현을 씁니다.

2. A + 跟 + B + 同岁

> wǒ gēn nǐ tóngsuì
> 我跟你同岁。 나는 너랑 동갑이야.
>
> tā gēn wǒ tóngsuì
> 他跟我同岁。 그는 나랑 동갑이야.
>
> péngyou gēn wǒ tóngsuì
> 朋友跟我同岁。 친구는 나랑 동갑이야.

3. 나이 표현

yí suì 一岁 한살	liǎng suì 两岁 두살	shí suì 十岁 열살
èr shí suì 二十岁 20세	sān shí suì 三十岁 30세	sì shí suì 四十岁 40세
wǔ shí suì 五十岁 50세	liù shí suì 六十岁 60세	qī shí suì 七十岁 70세
bā shí suì 八十岁 80세	jiǔ shí suì 九十岁 90세	yì bǎi suì 一百岁 100세

4. 시간 표현

qù nián 去年 작년	jīn nián 今年 올해	míng nián 明年 내년
zuó tiān 昨天 어제	jīn tiān 今天 오늘	míng tiān 明天 내일
zǎo shàng 早上 아침	wǎn shàng 晚上 저녁	líng chén 凌晨 새벽

연습문제

1 주어진 한어병음의 한자와 뜻을 쓰세요.

① duō dà　　_____

② péng you　　_____

③ jīn nián　　_____

④ suì　　_____

⑤ zhī dào　　_____

⑥ tóng suì　　_____

2 주어진 단어를 배열하여 올바른 문장을 만들어 보세요.

① 今年　多大　你

_____?

② 同岁　跟　我　你们　哥哥

_____。

3 밑줄 친 부분을 주어진 말로 바꾸어 보세요.

① 我跟 你 同岁。

他
朋友

_____

② 你 今年多大？

他
她

_____

발음 연습

(z, zh)

1. z, zh + a

zā zá zǎ zà / zhā zhá zhǎ zhà

2. z, zh + e

zē zé zě zè / zhē zhé zhě zhè

3. z, zh + i

zī zí zǐ zì / zhī zhí zhǐ zhì

4. z, zh + ai

zāi zái zǎi zài / zhāi zhái zhǎi zhài

제5과 한자 쓰기 | 팔굽혀펴기 스쿼트 달리기 요가

俯卧撑 [fǔ wò chēng] 팔굽혀펴기	俯	卧	撑			
深蹲 [shēn dūn] 스쿼트	深	蹲				
跑步 [pǎo bù] 달리기	跑	步				
瑜伽 [yú jiā] 요가	瑜	伽				

你的爱好是什么?

너의 취미는 무엇이니?

본문학습

nǐ yǒuméi yǒu àihào

A : 你有没有爱好？

A : 너는 취미가 있니?

yǒu, wǒ xǐhuan tīzúqiú

B : 有，我喜欢踢足球。

B : 있어, 나는 축구를 좋아해.

měinà, nǐ yǒu shénme àihào

A : 美娜，你有什么爱好？

A : 미나야, 너는 무슨 취미가 있니?

wǒ xǐhuan kàn diànyǐng nǐ de àihào shì shénme

美娜: 我喜欢看电影。你的爱好是什么?

미나 : 나는 영화 보는 걸 좋아해. 너의 취미는 뭐니?

wǒ de àihào shì kàn bàngqiú bǐsài

A ：我的爱好是看棒球比赛。

A ： 내 취미는 야구 경기를 보는 거야.

nǐ huì dǎ bàngqiú ma

美娜: 你会打棒球吗?

미나 : 너는 야구를 할 수 있니?

duì, wǒ huì

A ：对, 我会。

A ： 응, 나는 할 수 있어.

단어학습

爱好 ài hào	명 취미	的 de	조 의
喜欢 xǐ huan	통 좋아하다	棒球 bàng qiú	명 야구
踢 tī	통 (축구를)차다	比赛 bǐ sài	명 시합
足球 zú qiú	명 축구	会 huì	통 할 줄 알다
看 kàn	통 보다	打 dǎ	통 (야구를)하다
电影 diàn yǐng	명 영화		

어법 익히기

1. 踢(발로 차다) / 打(손으로 하다)

tī 踢	dǎ 打
tī zú qiú 踢足球 축구를 하다	dǎ bàng qiú 打棒球 야구를 하다
tī jiàn zi 踢毽子 제기를 차다	dǎ lán qiú 打篮球 농구를 하다
tī pí qiú 踢皮球 (고무)공을 차다	dǎ yǔ máo qiú 打羽毛球 배드민턴을 치다

* '踢'는 발로 하는 운동에 쓰이고, '打'는 손으로 하는 운동에 쓰입니다.

2. 주어 + 的 + 爱好 + 是 + 什么?

> nǐ de àihào shì shénme?
> 你的爱好是什么? 너의 취미는 무엇이니?
>
> nǐ bàba de àihào shì shénme?
> 你爸爸的爱好是什么? 네 아빠의 취미는 무엇이니?
>
> nǐ māma de àihào shì shénme?
> 你妈妈的爱好是什么? 네 엄마의 취미는 무엇이니?

* '爱好'는 명사로 '취미'라는 뜻을 가지고 있지만, '~을 하는 것을 좋아하다(애호하다)'라는 동사로 쓰이기도 합니다. 그래서 상대방의 취미를 물어 볼 때, "你的爱好是什么?(당신의 취미는 무엇입니까?)"라고 물어볼 수도 있지만, "你爱好什么? (당신은 무엇을 하는 것을 좋아합니까?)"라고 물어볼 수도 있습니다.

3. 주어 + (不)喜欢 + 목적어

> wǒ bù xǐhuan tī zúqiú
> 我(不)喜欢踢足球。 나는 축구하는 것을 좋아하지 않아.
>
> wǒ bù xǐhuan dǎ bàngqiú
> 我(不)喜欢打棒球。 나는 야구하는 것을 좋아하지 않아.
>
> wǒ bù xǐhuan kàn diànyǐng
> 我(不)喜欢看电影。 나는 영화 보는 것을 좋아하지 않아.

4. 주어 + (不)会 + 목적어

> wǒ (bú)huì tī zúqiú
> 我(不)会踢足球。 나는 축구를 하지 못해.
>
> wǒ (bú)huì dǎ bàngqiú
> 我(不)会打棒球。 나는 야구를 하지 못해.
>
> wǒ (bú)huì dǎ lánqiú
> 我(不)会打篮球。 나는 농구를 하지 못해.

＊ '会'는 조동사로, 후천적으로 학습을 통해 배워서 할 수 있는 경우에 쓰입니다.

1 주어진 한어병음의 한자와 뜻을 쓰세요.

① diànyǐng _____

② àihào _____

③ zúqiú _____

④ tī _____

⑤ de _____

⑥ dǎ _____

2 주어진 단어를 배열하여 올바른 문장을 만들어 보세요.

① 的　爱好　什么　是　你

_____?

② 吗　会　棒球　打　你

_____?

3 밑줄 친 부분을 주어진 말로 바꾸어 보세요.

① 我喜欢 <u>踢足球</u>。

打棒球
看电影

_____

② 我的爱好是 <u>打篮球</u>。

打羽毛球
踢毽子

_____

6-4 발음 연습

(z, zh)

1. c, ch＋ao

cāo cáo cǎo cào / chāo cháo chǎo chào

2. c, ch＋ou

cōu cóu cǒu còu / chōu chóu chǒu chòu

3. c, ch＋an

cān cán cǎn càn / chān chán chǎn chàn

4. c, ch＋en

cēn cén cěn cèn / chēn chén chěn chèn

제6과 한자 쓰기 티셔츠 원피스 반바지 스웨터

T恤衫 [tī xù (shān)] 티셔츠	T	恤	衫			
连衣裙 [lián yī qún] 원피스	连	衣	裙			
短裤 [duǎn kù] 반바지	短	裤				
毛衣 [máo yī] 스웨터	毛	衣				

我去超市

나는 마트에 간다

nǐ qù nǎr
A : 你去哪儿?

A : 너 어디 가?

wǒ qù chāoshì
B : 我去超市。

B : 나 마트에 가.

nǐ mǎi shénme
A : 你买什么?

A : 뭐 사려고?

wǒ mǎi shuǐguǒ

B : 我买水果。

B : 과일 사려고

wǒ yě xiǎng mǎi shuǐguǒ, wǒmen yìqǐ qù ba

A : 我也想买水果, 我们一起去吧。

A : 나도 과일 사고 싶은데, 우리 같이 가자.

nǐ xiǎng mǎi shénme shuǐguǒ

B : 你想买什么水果?

B : 너는 무슨 과일을 사고 싶은데?

wǒ xiǎng mǎi píngguǒ hé xiāngjiāo

A : 我想买苹果和香蕉。

A : 나는 사과랑 바나나를 사고 싶어.

단어학습

去 qù	통 가다	一起 yìqǐ	부 같이
哪儿 nǎr	대 어디	吧 ba	조 ～하자
超市 chāoshì	명 슈퍼마켓	苹果 píngguǒ	명 사과
买 mǎi	통 사다	和 hé	부 ～랑/과
水果 shuǐguǒ	명 과일	香蕉 xiāngjiāo	명 바나나
想 xiǎng	조 ～하고 싶다		

:

7-2 어법 익히기

1. 주어 + 去 + 哪儿?

> nǐ qù nǎr
> 你去哪儿? 당신은 어디에 가나요?
>
> tā qù nǎr
> 他去哪儿? 그는 어디에 가나요?
>
> nǐmen qù nǎr
> 你们去哪儿? 당신들은 어디에 가나요?

* "你去哪儿?(너 어디 가니?)"라는 표현은 회화상에서 "你上哪儿去?"로 쓰이기도 합니다.

2. 주어 + (不)去 + 장소

> wǒ bú qù chāoshì
> 我(不)去超市。 나는 마트에 가지 않아.
>
> tā bú qù yínháng
> 他(不)去银行。 그는 은행에 가지 않아요.
>
> wǒmen bú qù fàndiàn
> 我们(不)去饭店。 우리는 음식점에 가지 않아요.

* 银行 yín háng 명 은행   * 饭店 fàn diàn 명 음식점, 레스토랑 (또는 호텔)

3. 주어 + 一起 + 동작 + 吧

wǒmen yì qǐ qù chāoshì ba
我们一起去超市吧。 우리 같이 마트에 가자.

wǒmen yì qǐ kàn diànyǐng ba
我们一起看电影吧。 우리 같이 영화 보러 가자.

wǒmen yì qǐ tī zúqiú ba
我们一起踢足球吧。 우리 같이 축구 하러 가자.

4. 주어 + (不)想 + 목적어

wǒ bù xiǎng mǎi píngguǒ hé xiāngjiāo
我(不)想买苹果和香蕉。 나는 사과와 바나나를 사고 싶지 않아요.

wǒ bù xiǎng dǎ lánqiú
我(不)想打篮球。 나는 농구를 하고 싶지 않아요.

wǒ bù xiǎng kàn bàngqiú bǐsài
我(不)想看棒球比赛。 나는 야구 경기를 보고 싶지 않아요.

※ '想'은 '동사' 앞에 위치해서, 그 '동사'를 하고 싶다. 라는 뜻이 되며, '不想'은 '~을 하고 싶지 않다'라는 표현이 됩니다.

연습문제

1 주어진 한어병음의 한자와 뜻을 쓰세요.

① nǎr _____

② yì qǐ _____

③ mǎi _____

④ chāoshì _____

⑤ shuǐguǒ _____

⑥ qù _____

2 주어진 단어를 배열하여 올바른 문장을 만들어 보세요.

① 想　什么　你　水果　买

_____?

② 去　我们　吧　一起

_____。

3 밑줄 친 부분을 주어진 말로 바꾸어 보세요.

① 我们一起 <u>打篮球</u> 吧。

打棒球
看电影

_____

② 我想去 <u>超市</u>。

饭店
银行

_____

(s, sh)

1. s, sh + ang

sāng sáng sǎng sàng / shāng sháng shǎng shàng

2. s, sh + eng

sēng séng sěng sèng / shēng shéng shěng shèng

3. s, sh + u

sū sú sǔ sù / shū shú shǔ shù

4. s, sh + ua

suā suá suǎ suà / shuā shuá shuǎ shuà

게임 숙제 청소하다 말을 (잘) 듣다

游戏 [yóu xì] 게임	游	戏				
作业 [zuò yè] 숙제	作	业				
打扫 [dǎ sǎo] 청소하다	打	扫				
听话 [tīng // huà] 말을 (잘) 듣다	听	话				

商店在哪儿?

상점은 어디에 있나요?

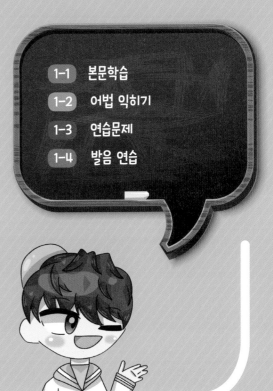

wǒ xiǎng qù shāngdiàn   shāngdiàn zài nǎr

A : 我想去商店。商店在哪儿？

A : 나 상점에 가고 싶어. 상점이 어디에 있어?

shāngdiàn zài fàndiàn pángbiān   nǐ qù shāngdiàn gàn shénme

B : 商店在饭店旁边。你去商店干什么？

B : 상점은 호텔 옆에 있어. 상점에 뭐하러 가는데?

wǒ xiǎng mǎi píng kělè   nǐ hē bu hē kělè

A : 我想买瓶可乐。你喝不喝可乐？

A : 나는 콜라를 사고 싶어. 너 콜라 마실래?

wǒ bútài xǐhuan kělè

B : 我不太喜欢可乐。

B : 나는 콜라 별로 안 좋아해.

nǐ xiǎng chī shénme wǒ bāng nǐ mǎi

A : 你想吃什么？我帮你买。

A : 너는 뭐 먹고 싶어? 내가 사다 줄게.

bāng wǒ mǎi yí ge miànbāo, xièxie

B : 帮我买一个面包，谢谢。

B : 빵 사다 줘, 고마워.

bú kèqi

A : 不客气。

A : 천만에.

단어학습

商店 shāngdiàn	명 상점	喝 hē	통 마시다
在 zài	통 ～에 있다	不太 bútài	부 별로～하지 않다
旁边 pángbiān	명 옆쪽	吃 chī	명 먹다
干 gàn	통 하다	帮 bāng	통 돕다
瓶 píng	양 병	面包 miànbāo	명 빵
可乐 kělè	명 콜라		

8-2 어법 익히기

1. 주어 + 在 + 哪儿?

shāngdiàn zài nǎr
商店在哪儿? 상점은 어디에 있나요?

chāoshì zài nǎr
超市在哪儿? 마트는 어디에 있나요?

fàndiàn zài nǎr
饭店在哪儿? 호텔은 어디에 있나요?

2. 주어 + 去 + 장소 + 술어 + 什么?

nǐ qù fàn guǎn chī shénme?
你去饭馆吃什么? 당신은 식당에 무엇을 먹으러 가나요?

nǐ qù shāng diàn mǎi shénme?
你去商店买什么? 당신은 상점에 무엇을 사러 가나요?

nǐ qù gōng yuán gàn shénme?
你去公园干什么? 당신은 공원에 뭐 하러 가나요?

3. 주어 + V + 不 + V + 목적어?

nǐ hē bu hē kělè

你喝不喝可乐? 너 콜라 마실래, 안 마실래?

nǐ chī bu chī miànbāo

你吃不吃面包? 너 빵 먹을래, 안 먹을래?

nǐ mǎi bu mǎi shuǐguǒ

你买不买水果? 너 과일 살래, 안 살래?

4. 주어 + 帮 + 목적어1 + 목적어2

wǒ bāng nǐ mǎi kělè

我帮你买可乐。 내가 콜라 사다 줄게.

wǒ bāng nǐ mǎi miànbāo

我帮你买面包。 내가 빵 사다 줄게.

wǒ bāng nǐ mǎi shuǐguǒ

我帮你买水果。 내가 과일 사다 줄게

* '帮+인칭대명사' 문장에서 '帮'은 돕다라는 뜻이지만, '상대방을 도와서 그 행위를 같이 한다'라는 뜻보다는, '상대방 대신에 내가 대신 문장 뒤에 나오는 행위를 함으로 인하여, 상대방의 편함을 돕는다'라는 뜻이 됩니다.

8-3 연습문제

1 다음 한어병음의 한자와 뜻을 쓰세요.

① miànbāo _____

② hē _____

③ zài _____

④ kělè _____

⑤ bāng _____

⑥ chī _____

2 주어진 단어를 배열하여 올바른 문장을 만들어보세요.

① 你　什么　商店　去　干

_____ ?

② 我　帮　一个　买　面包　你

_____ 。

3 밑줄 친 부분을 주어진 말로 바꾸어보세요.

① 你想 <u>吃</u> 什么？

买
看

_____

② 我不太喜欢 <u>可乐</u>。

苹果
香蕉

_____

(r)

1. r+uo

ruō ruó ruǒ ruò

2. r+ui

ruī ruí ruǐ ruì

3. r+uan

ruān ruán ruǎn ruàn

4. r+un

rūn rún rǔn rùn

中国	中	国				
[Zhōng guó] 중국						

旅行	旅	行				
[lǚ xíng] 여행						

炸酱面	炸	酱	面			
[zhá jiàng miàn] 자장면						

炒码面	炒	码	面			
[chǎo mǎ miàn] 짬뽕						

본문학습

shìyǔ, nǐ zěnme qù jīchǎng
A : 是禹, 你怎么去机场?

A : 시우야, 너 어떻게 공항에 갈 거니?

wǒ zuò gōngjiāochē qù jīchǎng nǐ zěnme qù
B : 我坐公交车去机场。你怎么去?

B : 나 버스 타고 공항에 갈 거야. 너는 어떻게 가니?

gōngjiāochē hěn màn, wǒ xiǎng zuò dìtiě qù
A : 公交车很慢, 我想坐地铁去。

A : 버스는 매우 느려서, 나는 지하철 타고 가고 싶어.

nǐ zěnme qù jīchǎng

B : 你怎么去机场?

B : 너는 공항에 어떻게 갈 거니?

wǒ xiǎng dǎchē qù, dǎchē qù jīchǎng guì bu guì

C : 我想打车去, 打车去机场贵不贵?

C : 나는 택시 타고 가고 싶어, 택시 타고 공항 가는 건 비싸니, 안 비싸니?

hěn guì, nǐ zuò dìtiě huòzhě gōngjiāochē ba

A : 很贵, 你坐地铁或者公交车吧。

A : 매우 비싸, 너는 지하철을 타던가, 아니면 버스를 타고 가봐.

xíng, wǒ gēn nǐ yìqǐ zuò gōngjiāochē qù

C : 行, 我跟你一起坐公交车去。

C : 그래, 나는 너랑 같이 버스 타고 갈래.

단어학습

怎么 zěnme	튄 어떻게	地铁 dìtiě	뗭 지하철
机场 jīchǎng	뗭 공항	打车 dǎchē	뙹 택시를 잡다
坐 zuò	뙹 타다	贵 guì	뻥 비싸다
公交车 gōngjiāochē	뗭 버스	或者 huòzhě	튄 아니면
慢 màn	뻥 느리다	行 xíng	뻥 괜찮다

9-2 어법 익히기

1. 주어 + 怎么 + 去 + 장소?

> nǐ zěnme qù jīchǎng
> 你怎么去机场? 너는 어떻게 공항에 가니?
>
> nǐ men zěnme qù huǒchēzhàn
> 你们怎么去火车站? 너희들은 어떻게 기차역에 가니?
>
> tā zěnme qù gōngjiāochē zhàn
> 他怎么去公交车站? 그는 어떻게 버스정류장에 가니?

* 火车站 huǒchēzhàn 명 기차역   公交车站 : gōngjiāochē zhàn 명 버스 정류장
"怎么去"라는 표현은 어떻게 (그곳에) 가니?라는 표현이지만, "怎么"라는 의문사에 "去"라는 동사가 함께 쓰이면서, 어떤
교통수단으로 그곳에 갈 건지를 묻는 표현이 됩니다. 걸어서 간다는 표현으로는 "怎么走" (어떻게 걸어서 가나요?)가 있
습니다.

2. 주어 + 교통수단 + 去 + 장소

> wǒ zuò gōngjiāochē qù jīchǎng
> 我坐公交车去机场。 나는 버스를 타고 공항에 갈 거야.
>
> wǒ zuò dìtiě qù huǒchēzhàn
> 我坐地铁去火车站。 나는 지하철을 타고 기차역에 갈 거야.
>
> wǒ dǎchē qù gōngjiāochē zhàn
> 我打车去公交车站。 나는 택시를 타고 버스정류장에 갈 거야.

* 교통수단을 나타는 표현으로는 "坐"라는 표현이 있는데, 기본적인 의미는 "앉다"라는 뜻이지만, "坐" 뒤에 "교통수단" 들어
가는 경우는 "타다" 라는 뜻이 된다. 이와 별개로 내가 직접 운전하는 다는 뜻은 "开"가 있다. "开车"라고 하면, "운전하다"
라는 뜻이 됩니다.

3. 주어 + 술어 + 목적어1 + 或者 + (술어) + 목적어2 + 吧

nǐ zuò dìtiě huòzhě gōngjiāochē ba

你坐地铁或者公交车吧。 너는 지하철을 타거나, 버스를 타고 가렴.

nǐ mǎi píngguǒ huòzhě xiāngjiāo ba

你买苹果或者香蕉吧。 너는 사과를 사거나, 바나나를 사렴.

nǐ dǎ bàngqiú huòzhě tī zúqiú ba

你打棒球或者踢足球吧。 너는 야구를 하거나 축구를 하렴.

* "吧"는 "~하자"라는 '권면' 또는 '명령'의 뜻으로 쓰입니다.

4. 주어 + 跟 + 사람 + 一起 + 술어1 + 목적어1 + (술어2 + 목적어2)

wǒ gēn nǐ yìqǐ zuò gōngjiāochē qù

我跟你一起坐公交车去。 나는 너랑 같이 버스를 탈 거야.

wǒ gēn nǐ yìqǐ qù shāngdiàn mǎi shuǐguǒ

我跟你一起去商店买水果。 나는 너랑 같이 상점에 가서 과일을 살 거야.

wǒ gēn nǐ yìqǐ qù chāoshì

我跟你一起去超市。 나는 너랑 같이 마트에 갈 거야.

* "跟+사람+一起"라는 표현은 "누구와(랑) 함께(같이)"라는 뜻으로 쓰입니다.

1 다음 한어병음의 한자와 뜻을 쓰세요.

① jīchǎng _____

② gōngjiāochē _____

③ zěnme _____

④ dǎchē _____

⑤ zuò _____

⑥ dìtiě _____

2 주어진 단어를 배열하여 올바른 문장을 만들어보세요.

① 怎么　你　去　机场

_____?

② 坐　我　去　公交车　机场

_____。

3 밑줄 친 부분을 주어진 말로 바꾸어보세요.

① 我想 <u>坐地铁</u> 去。

打车
坐公交车

_____

② 打车去 <u>机场</u> 贵不贵？

火车站
超市

_____

(j)

1. j+ia

jiā jiá jiǎ jià

2. j+iao

jiāo jiáo jiǎo jiào

3. j+ie

jiē jié jiě jiè

4. j+iu

jiū jiú jiǔ jiù

심부름하다 농담하다 장난꾸러기 약올리다

跑腿儿 [pǎo // tuǐr] 심부름하다	跑	腿	儿		
开玩笑 [kāi wán xiào] 농담하다	开	玩	笑		
调皮鬼 [tiáo pí guǐ] 장난꾸러기	调	皮	鬼		
逗气儿 [dòu · qìr] 약올리다	逗	气	儿		

제 **10** 과

你要吃什么?
뭐 먹을래?

wǒ hěn è

A : 我很饿。

A : 나는 매우 배고파.

wǒ yě hěn è, nǐ yào chī shénme?

B : 我也很饿，你要吃什么？

B : 나도 매우 배고파. 너 뭐 먹을 거야?

wǒ xiǎng chī chǎofàn gēge yào chī shénme

A : 我想吃炒饭。哥哥要吃什么？

A : 나는 볶음밥을 먹고 싶어. 형은 뭐 먹을 거야?

wǒ xiǎng chī zhájiàngmiàn

B : 我想吃炸酱面。

B : 나는 자장면이 먹고 싶어.

nǐ è bu è

A : 你饿不饿?

A : 너는 배고프니 배고프지 않니?

wǒ bútài è, wǒ xiǎng hē yì bēi kāfēi

C : 我不太饿，我想喝一杯咖啡。

C : 나는 별로 배고프지 않아, 나는 커피 한 잔 마시고 싶어.

bù chīfàn dùzi bú è ma

A : 不吃饭肚子不饿吗?

A : 밥 안 먹으면 배고프지 않아?

xiànzài bú è, méi shìr

C : 现在不饿，没事儿。

C : 지금은 배고프지 않아, 괜찮아.

단어학습

饿 è	통 배고프다	杯 bēi	[양] 잔
要 yào	조 ~하려고 하다	吃饭 chīfàn	통 밥 먹다
炒饭 chǎofàn	명 볶음밥	肚子 dùzi	명 배
炸酱面 zhájiàngmiàn	명 짜장면	没事儿 méi shìr	통 괜찮다
咖啡 kāfēi	명 커피		

1. 주어 + 要 + 술어 + 什么?

> nǐ yào chī shénme
> 你要吃什么? 너는 무엇을 먹고 싶니?
>
> nǐ yào hē shénme
> 你要喝什么? 너는 무엇을 마시고 싶니?
>
> nǐ yào mǎi shénme
> 你要买什么? 너는 무엇을 살거니?

＊'要'는 뒤에 '동사'가 올 경우에, 뒤에 오는 동사를 '원하다' 혹은 '하려고 하다(의지)'라는 뜻으로 쓰인다.

2. 주어 + 想 + 喝 + 一杯 + 목적어

> wǒ xiǎng hē yì bēi kāfēi
> 我想喝一杯咖啡。 나는 한 잔의 커피를 마시고 싶어.
>
> dì di xiǎng hē yì bēi niúnǎi
> 弟弟想喝一杯牛奶。 남동생은 한 잔의 우유를 마시고 싶어한다.
>
> mèimei xiǎng hē yì bēi guǒzhī
> 妹妹想喝一杯果汁。 여동생은 주스 한 잔을 마시고 싶다.

＊牛奶 niúnǎi 　명　우유　　＊果汁 guǒzhī 　명　주스

＊'想'은 뒤에 '동사'가 오는 경우에, 조동사 역할을 하게 되면서, '～을 하고 싶다'라는 뜻으로 쓰인다. 바람이나 희망을 나타내는 표현이다.

3. 주어 + 吃(   )/ ～을(를) 먹다 (주로 씹어서 먹는 것)

面包 miànbāo 빵	炸鸡 zhájī 치킨
蛋糕 dàngāo 케이크	烤肉 kǎoròu 불고기 / 구운고기
炸酱面 zhájiàngmiàn 짜장면	汉堡包 hànbǎobāo 햄버거
炒年糕 chǎoniángāo 떡볶이	薯条 shǔtiáo 감자튀김

4. 주어 + 喝(   )/ ～을(를) 마시다 (액체 음료)

美式咖啡 měishì kāfēi 아메리카노	水 shuǐ 물
拿铁 nátiě 카페라떼	茶 chá 차
可乐 kělè 콜라	奶茶 nǎichá 밀크티
雪碧 xuěbì 스프라이트	啤酒 píjiǔ 맥주

1 다음 한어병음의 한자와 뜻을 쓰세요.

① yào _____

② è _____

③ kāfēi _____

④ bēi _____

⑤ chǎofàn _____

⑥ zhájiàngmiàn _____

2 주어진 단어를 배열하여 올바른 문장을 만들어보세요.

① 吃　什么　要　你

_____?

② 一杯　喝　想　我　咖啡

_____。

3 밑줄 친 부분을 주어진 말로 바꾸어보세요.

① 我想吃 <u>炒饭</u> 。

炸酱面
面包

_____

② 你要 <u>吃</u> 什么？

看
买

_____

발음 연습

(q)

1. q + i

qī qí qǐ qì

2. q + ian

qiān qián qiǎn qiàn

3. q + ing

qīng qíng qǐng qìng

4. q + iong

qiōng qióng qiǒng qiòng

제**10**과 한자 쓰기   텔레비전 컴퓨터 전화기 영화

电视 [diàn shì] 텔레비전	电	视					
电脑 [diàn nǎo] 컴퓨터	电	脑					
电话 [diàn huà] 전화기	电	湿					
电影 [diàn yǐng] 영화	电	影					

nǐ hǎo, yì píng shuǐ duōshao qián

A : 你好, 一瓶水多少钱?

A : 안녕하세요, 물 한 병에 얼마인가요?

liǎng kuài qián

B : 两块钱。

B : 2위안이에요.

liǎng ge sānmíngzhì ne duōshao qián

A : 两个三明治呢? 多少钱?

A : 샌드위치 2개는요? 얼마죠?

liǎng ge shí kuài qián

B : 两个十块钱。

B : 2개에 10위안이에요.

guǒzhī zěnme mài

A : 果汁怎么卖?

A : 주스는 얼마에 파시나요? (얼마인가요?)

yì píng liǎng kuài wǔ máo qián

B : 一瓶两块五毛钱。

B : 한 병에 2위안 5마오입니다.

wǒ mǎi yì píng shuǐ, yì píng guǒzhī hé liǎng ge sānmíngzhì,
yígòng duōshao qián

A : 我买一瓶水, 一瓶果汁和两个三明治,
一共多少钱?

A : 물 한 병, 그리고 주스 한 병하고, 샌드위치 2개 주세요, 전부 얼마죠?

yígòng shí sì kuài wǔ

B : 一共十四块五。

B : 전부 14위안 5마오입니다.

단어학습

水 shuǐ	명 물	三明治 sānmíngzhì	명 샌드위치
多少 duōshao	대 얼마	果汁 guǒzhī	통 과일주스
钱 qián	명 돈	卖 mài	명 팔다
两 liǎng	수 2,이	毛 máo	양 마오('一块'의 10분 1에 해당하는 돈의 단위)
块 kuài	양 위안	一共 yígòng	부 모두(합쳐서)

1. 숫자 + 양사 + 명사 + 多少钱?

> yì píng shuǐ duōshao qián
>
> 一瓶水多少钱? 물 한 병은 얼마죠?
>
> liǎng ge sānmíngzhì duōshao qián
>
> 两个三明治多少钱? 샌드위치 2개에 얼마죠?
>
> yì bēi kāfēi duōshao qián
>
> 一杯咖啡多少钱? 커피 한 잔에 얼마죠?

* '多少' 직역하면, '많고 적음'이라는 뜻이지만, '얼마나'로 해석하면 됩니다. 얼마에요?라고 물어 볼 때, 보통 회화체에서 '多钱?'으로도 많이 쓰입니다.

2. (물건/음식) + 怎么卖?

> guǒzhī zěnme mài
>
> 果汁怎么卖? 주스는 어떻게 파나요? (주스는 얼마인가요?)
>
> yīfu zěnme mài
>
> 衣服怎么卖? 옷은 어떻게 팔죠? (옷은 얼마죠?)
>
> xié zěnme mài
>
> 鞋怎么卖? 신발은 어떻게 팔죠? (신발은 얼마죠?)

* 衣服 yīfu 명 옷   * 鞋 xié 명 신발

* '怎么卖?'라는 표현은 직역하면, "怎么(어떻게) +卖(파나요)?"라는 구성으로, 직역하면 '어떤 방식으로 파는지'를 묻는 표현이지만, 결국 물건의 값을 물어보는 구어체(회화체)입니다.

3. 돈 세는 단위

口语 kǒuyǔ / 구어체 (말할 때)	书写 shūxiě / 서면어 (쓸 때)
块 kuài 콰이	元 yuán 위안
毛 máo 마오 ['一块'의 10분의 1에 해당하는 구두어]	角 jiǎo 지야오 ['一元'의 10분의 1에 해당하는 서면어]
分 fēn 펀 ['一毛'의 10분의 1에 해당하는 구두어]	分 fēn 펀 ['一角'의 10분의 1에 해당하는 서면어]

4. 돈 읽는 법

2.00	两块 liǎng kuài
10.00	十块 shí kuài
10.50	十块五(毛) shí kuài wǔ (máo)
10.55	十块五毛五(分) shí kuài wǔ máo wǔ (fēn)

11-3 연습문제

1 주어진 한어병음의 한자와 뜻을 쓰세요.

① duōshao qián　　_____

② guǒzhī　　_____

③ máo　　_____

④ yígòng　　_____

⑤ sānmíngzhì　　_____

⑥ liǎng　　_____

2 주어진 단어를 배열하여 올바른 문장을 만들어보세요.

① 钱　一　多少　瓶

_____?

② 卖　果汁　怎么

_____?

3 밑줄 친 부분을 주어진 말로 바꾸어보세요.

① 我买一瓶 果汁 。

---

② 一瓶水 多少钱？

一杯咖啡
一个面包

(x)

1. x + u

xū xú xǔ xù

2. x + ue

xuē xué xuě xuè

3. x + un

xūn xún xǔn xùn

4. x + uan

xuān xuán xuǎn xuàn

말다툼하다 (때리며)싸우다 오해하다 이해를 못하다

吵架 [chǎo // jià] 말다툼하다	吵	架						
打架 [dǎ // jià] (때리며)싸우다	打	架						
误会 [wù huì] 오해하다	误	会						
不懂 [bù dǒng] 이해를 못하다	不	懂						

今天几月几号？

오늘은 몇 월 며칠인가요?

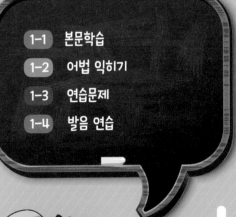

jīntiān jǐ yuè jǐ hào

A : 今天几月几号?

A : 오늘은 몇 월 며칠이지?

jīntiān bā yuè shí sān hào

B : 今天八月十三号。

B : 오늘은 8월 13일이야.

nǐ de shēngrì jǐ yuè jǐ hào

A : 你的生日几月几号?

A : 너의 생일은 몇 월 며칠이니?

wǒ de shēngrì shì bā yuè shí wǔ hào

B : 我的生日是八月十五号。

B : 내 생일은 8월 15일이야.

bā yuè shí wǔ hào xīngqī jǐ

A : 八月十五号星期几?

A : 8월 15일은 무슨 요일이니?

xīngqī tiān

B : 星期天。

B : 일요일이야.

xīngqī tiān méiyǒu kè, nǐ zuò shénme

A : 星期天没有课，你做什么?

A : 일요일에는 수업이 없는데, 너는 뭐 할 거니?

wǒ huíjiā guò shēngrì

B : 我回家过生日。

B : 집으로 (돌아)가서, 생일을 보내려고.

단어학습

今天 jīn tiān	몡	오늘	星期天 xīng qī tiān	몡	일요일
月 yuè	몡	월	课 kè	몡	수업
号 hào	몡	일	做 zuò	동	하다
生日 shēng rì	몡	생일	回家 huí jiā	동	집에 가다
星期 xīng qī	몡	요일	过 guò	동	지내다

1. 주어 + (是) + 几月几号？

> jīntiān (shì) jǐ yuè jǐ hào?
>
> 今天(是)几月几号？ 오늘은 몇 월 며칠인가요?
>
> nǐ de shēngrì (shì) jǐ yuè jǐ hào?
>
> 你的生日(是)几月几号？ 당신의 생일은 몇 월 며칠인가요?
>
> tā de shēngrì (shì) jǐ yuè jǐ hào?
>
> 她的生日(是)几月几号？ 그녀의 생일은 몇 월 며칠인가요?

※ "今天(是)几月几号？"에서 '是'는 생략이 가능합니다.

2. 주어 + (是) + 星期几？

> bā yuè shí wǔ hào (shì) xīngqī jǐ?
>
> 八月十五号(是)星期几？ 8월 15일은 무슨 요일인가요?
>
> nǐ de shēngrì (shì) xīngqī jǐ?
>
> 你的生日(是)星期几？ 당신의 생일은 무슨 요일인가요?
>
> tā de shēngrì (shì) xīngqī jǐ?
>
> 她的生日(是)星期几？ 그녀의 생일은 무슨 요일인가요?

※ "星期几？(무슨 요일이니?)"에서 '几'는 의문사로 '몇'이라는 뜻입니다.
  예) "几个？" (몇 개?), "几岁？" (몇 살?)

3. "년도" 읽는 법

2001. 05. 06	二零零一年五月六号 èr líng líng yī nián wǔ yuè liù hào
2010. 09. 18	二零一零年九月十八号 èr líng yī líng nián jiǔ yuè shí bā hào
2015. 04. 20	二零一五年四月二十号 èr líng yī wǔ nián sì yuè èr shí hào
2021. 06. 30	二零二一年六月三十号 èr líng èr yī nián liù yuè sān shí hào

＊ 년도를 읽을 때에는, 숫자를 각각 하나 하나씩 그대로 모두 읽어줍니다.

4. "요일" 읽는 법

월요일	星期一 xīng qī yī
화요일	星期二 xīng qī èr
수요일	星期三 xīng qī sān
목요일	星期四 xīng qī sì
금요일	星期五 xīng qī wǔ
토요일	星期六 xīng qī liù
일요일	星期天 xīng qī tiān

＊ 일요일은 "星期七"라고 하지 않고, "星期天" 혹은 "星期日"로 쓰입니다.

1 주어진 한어병음의 한자와 뜻을 쓰세요.

① zuò _____

② shēngrì _____

③ yuè _____

④ xīngqī tiān _____

⑤ jīntiān _____

⑥ hào _____

2 주어진 단어를 배열하여 올바른 문장을 만들어보세요.

① 十五号　八月　几　星期

_____?

② 星期　天　课　没有

_____。

3 밑줄 친 부분을 주어진 말로 바꾸어보세요.

① 我的生日是 <u>八月十五号</u>。

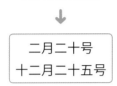

二月二十号
十二月二十五号

---

② <u>星期天</u> 没有课。

星期三
星期六

(g)

1. g+ai

gāi gái gǎi gài

2. g+ei

gēi géi gěi gèi

3. g+ou

gōu góu gǒu gòu

4. g+uo

guō guó guǒ guò

제12과 한자 쓰기 | 호랑이 사자 코끼리 하마

老虎 [lǎo hǔ] 호랑이	老	虎				
狮子 [shī · zi] 사자	狮	子				
大象 [dà xiàng] 코끼리	大	象				
河马 [hé mǎ] 하마	河	马				

제 **13** 과

你几点起床？

몇 시에 일어나니?

　　　　nǐ jīntiān jǐ diǎn qǐ chuáng
A : 你今天几点起床?

A : 너 오늘 몇 시에 일어났니?

　　　　wǒ zǎoshang bā diǎn bàn qǐ chuáng
B : 我早上八点半起床。

B : 나는 아침 8시 30분에 일어났어.

　　　　nǐ bā diǎn bàn qǐ chuáng zuò shénme
A : 你八点半起床做什么?

A : 너는 8시 30분에 일어나서 뭐 하니?

wǒ xuéxí hànyǔ

B ：我学习汉语。

B ：나는 중국어를 공부해.

shì yǔ, nǐ zǎoshang jǐ diǎn qǐ chuáng

A ：是禹，你早上几点起床？

A ：시우야, 너는 아침에 몇 시에 일어났니?

wǒ xiàwǔ liǎng diǎn èr shí fēn qǐ chuáng

C ：我下午两点二十分起床。

C ：나는 오후 2시 20분에 일어났어.

wèi shén me nǐ jǐ diǎn shuì jiào

A ：为什么？你几点睡觉？

A ：왜? 너는 몇 시에 잤니?

wǒ wǎnshang sān diǎn shuì jiào

C ：我晚上三点睡觉。

C ：나는 새벽 3시에 잤어.

단어학습

点 diǎn	양 시	汉语 hànyǔ	명 중국어
起床 qǐchuáng	통 일어나다	分 fēn	양 분
早上 zǎoshang	명 아침	为什么 wèi shénme	부 왜
半 bàn	양 반	睡觉 shuìjiào	통 잠을 자다
学习 xuéxí	통 공부하다	晚上 wǎnshang	명 저녁

13-2 어법 익히기

1. 주어 + 几点 + 술어 + (목적어)

> nǐ jǐ diǎn qǐchuáng
> 你几点起床? 너는 몇 시에 일어나니?
>
> nǐ jǐ diǎn chīfàn
> 你几点吃饭? 너는 몇 시에 밥을 먹니?
>
> nǐ jǐ diǎn shuì jiào
> 你几点睡觉? 너는 몇 시에 자니?

2. 주어 + 시간 + 술어 + (목적어)

> wǒ zǎoshang bādiǎn bàn qǐ chuáng
> 我早上八点半起床。 나는 아침 8시 반에 일어나.
>
> wǒ zǎoshang jiǔ diǎn chīfàn
> 我早上九点吃饭。 나는 아침 9시에 밥을 먹어.
>
> wǒ wǎnshang shí yī diǎn shuì jiào
> 我晚上十一点睡觉。 나는 저녁 11시에 잠을 자.

3. "시간" 읽는 법

시	yī diǎn 一点 1시	liǎng diǎn 两点 2시	sān diǎn 三点 3시
분	shíwǔ fēn 十五分 15분	sānshí fēn 三十分 30분	sìshí wǔ fēn 四十五分 45분
분(다른 표현)	yí kè 一刻 15분	bàn 半 30분	sān kè 三刻 45분
초	shí miǎo 十秒 10초	èr shí miǎo 二十秒 20초	sān shí miǎo 三十秒 30초

* "刻"는 '15분'을 말합니다. '一刻' 라고 하면 '15분'을, '三刻'라고 하면 '45분'입니다.
* '2시'를 말할 때는 '二点(이 시)'이라고 하지 않고, '两点(두 시)'이라고 합니다. 숫자 "2"가 단독으로 양사로 쓰일 때는, '二(이)' 대신에 '两(양/량)'을 씁니다.

4. "시간"에 관한 표현

前天 qiántiān 그저께	早上 zǎoshang 아침
昨天 zuótiān 어제(작일)	上午 shàngwǔ 오전
今天 jīntiān 오늘(금일)	中午 zhōngwǔ 정오
明天 míngtiān 내일(명일)	下午 xiàwǔ 오후
后天 hòutiān 모레	晚上 wǎnshang 저녁

* 구어체에서는, 날을 나타내는 "日" 대신에, "天"을 씁니다.

13-3 연습문제

1 다음 한어병음의 한자와 뜻을 쓰세요.

① fēn _____

② wǎnshang _____

③ hànyǔ _____

④ diǎn _____

⑤ zǎoshang _____

⑥ xuéxí _____

2 주어진 단어를 배열하여 올바른 문장을 만들어보세요.

① 起床　八点半　我　早上

_____ 。

② 睡觉　晚上　我　三点

_____ 。

3 밑줄 친 부분을 주어진 말로 바꾸어보세요.

① 我早上 <u>八点半</u> 起床。

七点十五分
九点三刻

_____

② 你几点 <u>睡觉</u>？

吃饭
回家

_____

(k)

1. k + ang

kāng káng kǎng kàng

2. k + eng

kēng kéng kěng kèng

3. k + ong

kōng kóng kǒng kòng

4. k + uang

kuāng kuáng kuǎng kuàng

토르 스파이더맨 아이언맨 타노스

雷神 [Léi shén] 토르	雷	神						
蜘蛛侠 [zhī zhū xiá] 스파이더맨	蜘	蛛	侠					
钢铁侠 [gāng tiě xiá] 아이언맨	钢	铁	侠					
灭霸 [miè bà] 타노스	灭	霸						

제 **14** ^과

你在干什么？
너 뭐 하고 있어?

wéi, nǐ zài gàn shénme

A : 喂，你在干什么？

A : 여보세요, 너 뭐 하고 있냐?

wǒ zài wán yóuxì

B : 我在玩游戏。

B : 나 게임하고 있어.

měi nà ne tā yě zài wán yóuxì ma

A : 美娜呢？她也在玩游戏吗？

A : 미나는? 미나도 게임하고 있어?

tā méi zài wán yóuxì

B ：她没在玩游戏。

B ：그녀는 게임하고 있지 않아.

nà tā zài gàn shénme

A ：那她在干什么？

A ：그럼, 그녀는 뭐 하고 있어?

tā zài kàn diànshì, nǐ zài gàn shénme

B ：她在看电视，你在干什么？

B ：그녀는 텔레비전 보고 있어, 너는 뭐 하고 있어?

wǒ zài wán shǒujī

A ：我在玩手机。

A ：나는 핸드폰하고 있어.

단어학습

喂 wéi　（감）여보세요
* '먹이다, 먹이를 주다'라는 뜻으로 쓰일 때는, wèi 4성으로 쓰인다.

在 zài　（부）～하고 있다
* 동사 앞에 쓰이면서, '그 동작을 진행중(하고 있다)이다'라는 뜻으로 쓰임.

干 gàn　（동）하다

玩 wán　（동）놀다

游戏 yóuxì　（명）게임

没在 méi zài　（부）～하고 있지 않다

那 nà　（부）그러면

电视 diànshì　（명）텔레비전

手机 shǒujī　（명）휴대폰

14-2 어법 익히기

1. 주어 + 在 + 干什么?

nǐ zài gàn shénme
你在干什么? 너는 뭐 하고 있니?

bàba zài gàn shénme
爸爸在干什么? 아빠는 무엇을 하고 계시니?

māma zài gàn shénme
妈妈在干什么? 엄마는 무엇을 하고 계시니?

* 동사 앞에 쓰이는 "在"는 그 동작을 진행중에 있다는 현재진행형으로 쓰임.

2. 주어 + 在 + 술어 + (목적어)

wǒ zài wán yóuxì
我在玩游戏。 나는 게임을 하고 있어.

bàba zài gōngzuò
爸爸在工作。 아빠는 일을 하고 계셔.

māma zài zuòfàn
妈妈在做饭。 엄마는 밥(식사준비)을 하고 계셔.

* 工作 gōngzuò 동 일하다   * 做饭 zuòfàn 동 밥을 하다

3. 주어 + 没 + 在 + 술어 + (목적어)

> wǒ méi zài wán yóuxì
>
> 我没在玩游戏。 나는 게임을 하고 있지 않다.
>
> bàba méi zài gōngzuò
>
> 爸爸没在工作。 아빠는 일을 하고 계시지 않다.
>
> māma méi zài zuòfàn
>
> 妈妈没在做饭。 엄마는 밥을 하고 계시지 않다.

＊ 현재 진행의 부정 표현은, "不在 +동사"가 아니고, "没在 +동사"입니다.

4. "동작"에 관한 표현

刷牙 shuāyá 양치질을 하다	写作业 xiě zuòyè 숙제를 하다
洗脸 xǐliǎn 세수하다(얼굴을 씻다)	睡觉 shuìjiào 잠을 자다
洗澡 xǐzǎo 목욕을 하다	学习 xuéxí 공부를 하다
洗碗 xǐwǎn 설거지를 하다	唱歌 chànggē 노래를 부르다
看书 kànshū 책을 보다	跳舞 tiàowǔ 춤을 추다

연습문제

1 다음 한어병음의 한자와 뜻을 쓰세요.

① diànshì _____

② wéi _____

③ shǒujī _____

④ wán _____

⑤ gàn _____

⑥ zài _____

2 주어진 단어를 배열하여 올바른 문장을 만들어보세요.

① 你　什么　干　在

_____?

② 游戏　没　他　在　玩

_____。

3 밑줄 친 부분을 주어진 말로 바꾸어보세요.

① 我在 <u>玩游戏</u>。

> 踢足球
> 打篮球

_____

② 他没在 <u>玩游戏</u>。

> 看电影
> 吃饭

_____

(h)

1. h+ua

   huā huá huǎ huà

2. h+uo

   huō huó huǒ huò

3. h+ui

   huī huí huǐ huì

4. h+un

   hūn hún hǔn hùn

드디어 새
핸드폰

일진형아

와^ 진짜
핸드폰 너무 좋다고!!

◀ 일진형아

진짜 안 망가지게
아기처럼 소중히
다뤄야겠다고!!!

둥가둥가^
아이구~ 우리
핸드폰
맘마줄까~??

쟤 뭐하냐..

제14과 한자 쓰기 | 휴대폰 스마트폰 태블릿PC 폴더블폰(접이식휴대폰)

手机 [shǒu jī] 휴대폰	手	机				
智能手机 [zhì néng shǒu jī] 스마트폰	智	能	手	机		
平板电脑 [píng bǎn diàn nǎo] 태블릿PC	平	板	电	脑		
折叠手机 [zhé dié shǒu jī] 폴더블폰(접이식 휴대폰)	折	叠	手	机		

제 **15** 과

书店怎么走?

서점은 어떻게 가나요?

yínháng zěnme zǒu

A：银行怎么走？

A：은행은 어떻게 가니?

yìzhí wǎng qián zǒu, yínháng zài chāoshì qiánbiān

B：一直往前走，银行在超市前边。

B：앞으로 쭉 걸어가면, 은행은 마트 앞쪽에 있어.

wǒ xiǎng mǎi shū, shūdiàn zěnme zǒu

A：我想买书，书店怎么走？

A：나는 책을 사고 싶어, 서점은 어떻게 가니?

shūdiàn zài zuǒbiān, wǎng zuǒ guǎi

B : 书店在左边，往左拐。

B : 서점은 왼쪽에 있어, 왼쪽으로 돌아가면 돼.

túshūguǎn zài nǎr

A : 图书馆在哪儿？

A : 도서관은 어디에 있니?

túshūguǎn zài yòubiān, wǎng yòu guǎi

B : 图书馆在右边，往右拐。

B : 도서관은 오른쪽에 있어, 오른쪽으로 돌아가면 돼.

xièxiè nǐ

A : 谢谢你。

A : 고마워.

bú kèqi

B : 不客气。

B : 천만에.

단어학습

银行 yínháng	명 은행	书店 shūdiàn	명 서점
走 zǒu	동 가다	左(边) zuǒ(biān)	명 왼쪽
一直 yìzhí	부 줄곧	拐 guǎi	동 방향을 바꾸다
往 wǎng	부 ~을 향하여	图书馆 túshūguǎn	명 도서관
前(边) qián(biān)	명 앞쪽	右(边) yòu(biān)	명 오른쪽

15-2 어법 익히기

1. 장소 + 怎么走?

> yínháng zěnme zǒu
> 银行怎么走? 은행은 어떻게 가나요?
>
> huǒchēzhàn zěnme zǒu
> 火车站怎么走? 기차역은 어떻게 가나요?
>
> chāoshì zěnme zǒu
> 超市怎么走? 마트는 어떻게 가나요?

＊ "怎么走?" 목적지에 거의 도착했는데, 자세한 길을 모를 때, 어떻게 (걸어서) 가면 되는지 물어보는 표현입니다.

2. 장소 + 在 + 방향

> yínháng zài qiánbiān
> 银行在前边。 은행은 앞쪽에 있습니다.
>
> huǒchēzhàn zài zuǒbiān
> 火车站在左边。 기차역은 왼쪽에 있습니다.
>
> chāoshì zài yòubiān
> 超市在右边。 마트는 오른쪽에 있습니다.

＊ "边"는 '~쪽으로'라는 뜻으로 앞에 방향사와 함께 쓰입니다.

3. 往 + **방향** + 走 / 拐

> yínháng zài qiánbiān yìzhí wǎng qián zǒu
>
> 银行在前边。一直往前走。 은행은 앞쪽에 있습니다. 앞으로 쭉 걸어가세요.
>
> huǒchēzhàn zài zuǒbiān, wǎng zuǒ guǎi
>
> 火车站在左边，往左拐。 기차역은 왼쪽에 있습니다. 왼쪽으로 돌아가세요.
>
> chāoshì zài yòubiān, wǎng yòu guǎi
>
> 超市在右边，往右拐。 마트는 오른쪽에 있습니다. 오른쪽으로 돌아가세요.

＊ "往"은 ~(으)로, 뒤에 방향사와 함께 쓰입니다.

4. "방향"에 관한 표현

上边 shàngbiān 윗쪽	下边 xiàbiān 아래쪽
左边 zuǒbiān 왼쪽	右边 yòubiān 오른쪽
前边 qiánbiān 앞쪽	后边 hòubiān 뒷쪽
里边 lǐbiān 안쪽	外边 wàibiān 바깥쪽
旁边 pángbiān 옆쪽	对面 duìmiàn 맞은편

1 한어병음의 한자와 뜻을 쓰세요.

① zuǒ _____

② wǎng _____

③ yòu _____

④ zǒu _____

⑤ yínháng _____

⑥ qián _____

2 주어진 단어를 배열하여 올바른 문장을 만들어보세요.

① 前　一直　走　往

_____ 。

② 超市　在　前边　银行

_____ 。

3 밑줄 친 부분을 주어진 말로 바꾸어보세요.

③　图书馆 怎么走？

---

④　图书馆在 右边 。

15-4 발음 연습

(ü, üe, ün, üuan)

1. j + ü

jū jú jǔ jù

2. q + üe

juē jué juě juè

3. x + ün

jūn jún jǔn jùn

4. y + üan

yū yú yǔ yù

제**15**과 한자 쓰기 | 삼촌(아저씨) 이모(아주머니) 아들 딸

叔叔 [shū shu] 삼촌(아저씨)	叔	叔				
阿姨 [ā yí] 이모(아주머니)	阿	姨				
儿子 [ér · zi] 아들	儿	子				
女儿 [nǚ'ér] 딸	女	儿				

연습문제
해답

1. ① 不客气 천만에요   ② 再见 안녕히 가세요   ③ 你好 안녕하세요

    ④ 对不起 죄송합니다   ⑤ 谢谢 감사합니다   ⑥ 没关系 괜찮습니다

2. ① 不客气   ② 没关系

3. ① 好   ② 老师   ③ 关系

제**2**과   **넌 이름이 뭐니?**

1. ① 什么 무엇   ② 认识 알다   ③ 姓 성이…이다

    ④ 高兴 기쁘다   ⑤ 叫 ~부르다   ⑥ 很 매우

2. ① 你叫什么名字？

    ② 认识你很高兴。

3. ① 我姓朴。

    我姓李。

    ② 你叫什么？

    你吃什么？

제**3**과   **당신은 어느 나라 사람이에요?**

1. ① 是 ~이다   ② 哪 어느   ③ 中国 중국

    ④ 对 맞다   ⑤ 都 모두   ⑥ 韩国 한국

2. ① 你是哪国人？

    ② 我不是中国人。

3. ① 我是中国人。

    我是日本人。

제4과 너는 형(오빠)이 있니?

1. ① 弟弟 남동생　　② 有 있다　　③ 妹妹 여동생

　　④ 姐姐 언니/(또는 누나)　　⑤ 没有 없다　　⑥ 哥哥 오빠/(또는 형)

2. ① 你有哥哥吗?

　　② 我也没有妹妹。

3. ① 有

　　② 有没有

　　③ 妹妹

제5과 올해 몇 살이니?

1. ① 多大(나이가) 얼마인가　　② 朋友 친구　　③ 今年 올해

　　④ 岁 살(나이를 세는 단위사)　　⑤ 知道 알다　　⑥ 同岁 동갑(이다)

2. ① 你今年多大?

　　② 你们跟我哥哥同岁。

3. ① 我跟他同岁。

　　　我跟朋友同岁。

　　② 他今年多大?

　　　她今年多大?

제6과 너의 취미는 무엇이니?

1. ① 电影 영화　　② 爱好 취미　　③ 足球 축구

　 ④ 踢 (축구를)차다　　⑤ 的 의　　⑥ 打 (야구를)하다

2. ① 你的爱好是什么？

　 ② 你会打棒球吗？

3. ① 我喜欢打棒球。

　　 我喜欢看电影。

　 ② 我的爱好是打羽毛球。

　　 我的爱好是踢毽子。

제7과 나는 마트에 간다

1. ① 哪儿 어디　　② 一起 같이　　③ 买 사다

　 ④ 超市 슈퍼마켓　　⑤ 水果 과일　　⑥ 去 가다

2. ① 你想买什么水果？

　 ② 我们一起去吧。

3. ① 我们一起打棒球吧。

　　 我们一起看电影吧。

　 ② 我想去饭店。

　　 我想去银行

제**8**과　상점은 어디에 있나요?

1. ① 面包 빵　　② 喝 마시다　　③ 在 ～에 있다
　 ④ 可乐 콜라　　⑤ 帮 돕다　　⑥ 吃 먹다

2. ① 你去商店干什么？
　 ② 帮我买一个面包。

3. ① 你想买什么？
　　您想看什么？
　 ② 我不太喜欢苹果。
　　我不太喜欢香蕉。

제**9**과　공항에 어떻게 가나요?

1. ① 机场 공항　　② 公交车 버스　　③ 怎么 어떻게
　 ④ 打车 택시를 잡다　　⑤ 坐 타다　　⑥ 地铁 지하철

2. ① 你怎么去机场？
　 ② 我坐公交车去机场。

3. ① 我想打车去。
　　我想坐公交车去。
　 ② 打车去火车站贵不贵？
　　打车去超市贵不贵？

1. ① 要 ~하려고 하다   ② 饿 배 고프다   ③ 咖啡 커피

    ④ 杯 잔   ⑤ 炒饭 볶음밥   ⑥ 炸酱面 짜장면

2. ① 你要吃什么？

    ② 我想喝一杯咖啡。

3. ① 我想吃炸酱面。

     我想吃面包。

    ② 你要看什么？

     你要买什么？

1. ① 多少钱 얼마에요?

    ② 果汁 과일주스

    ③ 毛 마오['一块'의 10분의 1에 해당하는 돈의 단위(구두어)]

    ④ 一共 모두/전부

    ⑤ 三明治 샌드위치

    ⑥ 两 2, 이(둘)

2. ① 一瓶多少钱？

    ② 果汁怎么卖？

3. ① 我买一瓶可乐。

     我买一瓶水。

    ② 一杯咖啡多少钱？

     一个面包多少钱？

1. ① 做 하다 　　　　② 生日 생일 　　　　③ 月 월

　 ④ 星期天 일요일 　　⑤ 今天 오늘 　　　⑥ 号 일

2. ① 八月十五号星期几？

　 ② 星期天没有课。

3. ① 我的生日是二月二十号。

　　 我的生日是十二月二十五号。

　 ② 星期三没有课。

　　 星期六没有课。

1. ① 分 분 　　　　　② 睡觉 잠을 자다 　　③ 汉语 중국어

　 ④ 点 시 　　　　　⑤ 早上 아침 　　　　⑥ 学习 공부하다

2. ① 我早上八点半起床。

　 ② 我晚上三点睡觉。

3. ① 我早上七点十五分起床。

　　 我早上九点三刻起床。

　 ② 你几点吃饭？

　　 你几点回家？

제14과   너 뭐 하고 있어?

1. ① 电视 텔레비전   ② 喂 여보세요   ③ 手机 휴대폰

    ④ 玩 놀다   ⑤ 干 하다   ⑥ 在 ~하고 있다

2. ① 你在干什么？

    ② 他没在玩游戏。

3. ① 我在踢足球。

       我在打篮球。

    ② 他没在看电影。

       他没在吃饭。

제15과   서점은 어떻게 가나요?

1. ① 左 왼쪽   ② 往 ~을 향하여   ③ 右 오른쪽

    ④ 走 가다   ⑤ 银行 은행   ⑥ 前 앞쪽

2. ① 一直往前走。

    ② 银行在超市前边。

3. ① 书店怎么走？

       机场怎么走？

    ② 图书馆在对面。